CONDUCTOR

04490280

HAL LEONARD MUSIC FOR STRING ORCHESTRA

BOLERO

MAURICE RAVEL
Arranged by TED RICKETTS

Performance Time: 5:10

INSTRUMENTATION

1 - Conductor
8 - Violin 1
8 - Violin 2
4 - Violin 3 (Viola T.C.)
4 - Viola
4 - Cello
4 - String Bass
1 - Piano
1 - Timpani
2 - Percussion (Snare Drum)

Extra Conductor (04490280) U.S. $5.00
Extra Parts U.S. $2.00

EXCLUSIVELY DISTRIBUTED BY
HAL•LEONARD® CORPORATION
7777 W. BLUEMOUND RD. P.O. BOX 13819 MILWAUKEE, WI 53213

BOLERO

MAURICE RAVEL

Arranged by TED RICKETTS

* Violin 3 (Viola T.C.) part included though not shown on the score.

13
Vln. 1
Vln. 2
Vla.
Cello
Bass
Piano
Timp.
Perc.
2
2

21
Vln. 1
1/2 Section
Vln. 2
Vla.
Solo (arco)
(pizz.)
Cello
Bass
Piano
Timp.
Perc.
Vln. 1
Vln. 2
Vla.
Cello
Bass
Piano
Timp.
Perc.

31
Vln. 1
Vln. 2
Vla.
Cello
Bass
Piano
Timp.
Perc.
29
30
31
32
33
34
35
36

39
Vln. 1
Vln. 2
Vla.
Cello
Bass
Piano
Timp.
Perc.
All
mp
All (pizz.)
pizz.
div.
37
38
39
40
41
42
43
44

Vln. 1
Vln. 2
Vla.
Cello
Bass
Piano
Timp.
Perc.
45
46
47
48
49
Vln. 1
Vln. 2
Vla.
Cello
Bass
Piano
Timp.
Perc.
49
50
51
52

Vln. 1
Vln. 2
Vla.
Cello
Bass
Piano
Timp.
Perc.
53
54
55
56
57
div.
mf
58
59
60

Vln. 1
Vln. 2
Vla.
Cello
Bass
Piano
Timp.
Perc.
(stagger bow changes)
67

(stagger bow changes)
Vln. 1
Vln. 2
Vla.
Cello
Bass
Piano
Timp.
Perc.
75
arco
f

Vln. 1
Vln. 2
Vla.
Cello
Bass
Piano
Timp.
Perc.
77
78
79
80
(stagger bow changes)
(stagger bow changes)
81
82
83
84

85
Vln. 1
Vln. 2
Vla.
Cello
Bass
Piano
Timp.
Perc.
85
86
87
88
Vln. 1
Vln. 2
Vla.
Cello
Bass
Piano
Timp.
Perc.
89
90
91
92

93
Vln. 1
Vln. 2
Vla.
Cello
Bass
Piano
Timp.
Perc.
arco
ff
sim.
2
93
94
95
96
97
98
99
100

103
(stagger bow changes)
(stagger bow changes)
Vln. 1
Vln. 2
Vla.
Cello
Bass
Piano
Timp.
Perc.
101
102
103
104
(stagger bow changes)
(stagger bow changes)
Vln. 1
Vln. 2
Vla.
Cello
Bass
Piano
Timp.
Perc.
105
106
107
108

111
Vln. 1
Vln. 2
Vla.
Cello
Bass
Piano
Timp.
Perc.
109
110
111
112
113
114
115
116

Vln. 1
Vln. 2
Vla.
Cello
Bass
Piano
Timp.
Perc.
119
117
118
119
120
121
122
123
124